CREA TUS PROPIOS PERSONAJES O DIBUJA PERSONAJES QUE YA EXISTEN, PONLE NOMBRE, CREA SUS HABILIDADES, DEBILIDADES, SU HISTORIA. DALE VUELO A TU IMAGINACIÓN NO IMPORTA TU EDAD, CONSTRUYE EL PERSONAJE DESDE LAS PLANTILLAS QUE ESTÁN EN EL INTERIOR DEL LIBRO.

NOMBRE DEL PERSONAJE:

SU HISTORIA:

HABILIDADES:

DEBILIDADES:

NOMBRE DEL PERSONAJE:

NOMBRE DEL PERSONAJE:

SU HISTORIA:

HABILIDADES:

DEBILIDADES:

NOMBRE DEL PERSONAJE:

NOMBRE DEL PERSONAJE:

NOMBRE DEL PERSONAJE:

SU HISTORIA:

HABILIDADES:

DEBILIDADES:

NOMBRE DEL PERSONAJE:

NOMBRE DEL PERSONAJE:

SU HISTORIA:

HABILIDADES:

DEBILIDADES:

NOMBRE DEL PERSONAJE:

NOMBRE DEL PERSONAJE:

SU HISTORIA:

HABILIDADES:

DEBILIDADES:

NOMBRE DEL PERSONAJE:

NOMBRE DEL PERSONAJE:

SU HISTORIA:

HABILIDADES:

DEBILIDADES:

NOMBRE DEL PERSONAJE:

NOMBRE DEL PERSONAJE:

SU HISTORIA:

HABILIDADES:

DEBILIDADES:

NOMBRE DEL PERSONAJE:

NOMBRE DEL PERSONAJE:

SU HISTORIA:

HABILIDADES:

DEBILIDADES:

NOMBRE DEL PERSONAJE:

NOMBRE DEL PERSONAJE:

SU HISTORIA:

HABILIDADES:

DEBILIDADES:

NOMBRE DEL PERSONAJE:

NOMBRE DEL PERSONAJE:

SU HISTORIA:

HABILIDADES:

DEBILIDADES:

NOMBRE DEL PERSONAJE:

NOMBRE DEL PERSONAJE:

SU HISTORIA:

HABILIDADES:

DEBILIDADES:

NOMBRE DEL PERSONAJE:

NOMBRE DEL PERSONAJE:

SU HISTORIA:

HABILIDADES:

DEBILIDADES:

NOMBRE DEL PERSONAJE:

NOMBRE DEL PERSONAJE:

SU HISTORIA:

HABILIDADES:

DEBILIDADES:

NOMBRE DEL PERSONAJE:

| NOMBRE DEL PERSONAJE: |

| SU HISTORIA: |

| HABILIDADES: |

| DEBILIDADES: |

NOMBRE DEL PERSONAJE:

NOMBRE DEL PERSONAJE:

SU HISTORIA:

HABILIDADES:

DEBILIDADES:

NOMBRE DEL PERSONAJE:

NOMBRE DEL PERSONAJE:

SU HISTORIA:

HABILIDADES:

DEBILIDADES:

NOMBRE DEL PERSONAJE:

NOMBRE DEL PERSONAJE:

SU HISTORIA:

HABILIDADES:

DEBILIDADES:

NOMBRE DEL PERSONAJE:

NOMBRE DEL PERSONAJE:

SU HISTORIA:

HABILIDADES:

DEBILIDADES:

NOMBRE DEL PERSONAJE:

NOMBRE DEL PERSONAJE:

SU HISTORIA:

HABILIDADES:

DEBILIDADES:

NOMBRE DEL PERSONAJE:

NOMBRE DEL PERSONAJE:

SU HISTORIA:

HABILIDADES:

DEBILIDADES:

NOMBRE DEL PERSONAJE:

NOMBRE DEL PERSONAJE:

SU HISTORIA:

HABILIDADES:

DEBILIDADES:

NOMBRE DEL PERSONAJE:

NOMBRE DEL PERSONAJE:

SU HISTORIA:

HABILIDADES:

DEBILIDADES:

NOMBRE DEL PERSONAJE:

NOMBRE DEL PERSONAJE:

SU HISTORIA:

HABILIDADES:

DEBILIDADES:

NOMBRE DEL PERSONAJE:

NOMBRE DEL PERSONAJE:

SU HISTORIA:

HABILIDADES:

DEBILIDADES:

NOMBRE DEL PERSONAJE:

NOMBRE DEL PERSONAJE:

SU HISTORIA:

HABILIDADES:

DEBILIDADES:

NOMBRE DEL PERSONAJE:

NOMBRE DEL PERSONAJE:

SU HISTORIA:

HABILIDADES:

DEBILIDADES:

NOMBRE DEL PERSONAJE:

NOMBRE DEL PERSONAJE:

SU HISTORIA:

HABILIDADES:

DEBILIDADES:

NOMBRE DEL PERSONAJE:

NOMBRE DEL PERSONAJE:

SU HISTORIA:

HABILIDADES:

DEBILIDADES:

NOMBRE DEL PERSONAJE:

NOMBRE DEL PERSONAJE:

SU HISTORIA:

HABILIDADES:

DEBILIDADES:

NOMBRE DEL PERSONAJE:

NOMBRE DEL PERSONAJE:

SU HISTORIA:

HABILIDADES:

DEBILIDADES:

NOMBRE DEL PERSONAJE:

NOMBRE DEL PERSONAJE:

SU HISTORIA:

HABILIDADES:

DEBILIDADES:

NOMBRE DEL PERSONAJE:

NOMBRE DEL PERSONAJE:

SU HISTORIA:

HABILIDADES:

DEBILIDADES:

NOMBRE DEL PERSONAJE:

NOMBRE DEL PERSONAJE:

SU HISTORIA:

HABILIDADES:

DEBILIDADES:

NOMBRE DEL PERSONAJE:

NOMBRE DEL PERSONAJE:

SU HISTORIA:

HABILIDADES:

DEBILIDADES:

NOMBRE DEL PERSONAJE:

NOMBRE DEL PERSONAJE:

SU HISTORIA:

HABILIDADES:

DEBILIDADES:

NOMBRE DEL PERSONAJE:

NOMBRE DEL PERSONAJE:

SU HISTORIA:

HABILIDADES:

DEBILIDADES:

NOMBRE DEL PERSONAJE:

NOMBRE DEL PERSONAJE:

SU HISTORIA:

HABILIDADES:

DEBILIDADES:

NOMBRE DEL PERSONAJE:

NOMBRE DEL PERSONAJE:

SU HISTORIA:

HABILIDADES:

DEBILIDADES:

NOMBRE DEL PERSONAJE:

NOMBRE DEL PERSONAJE:

SU HISTORIA:

HABILIDADES:

DEBILIDADES:

NOMBRE DEL PERSONAJE:

NOMBRE DEL PERSONAJE:

SU HISTORIA:

HABILIDADES:

DEBILIDADES:

NOMBRE DEL PERSONAJE:

NOMBRE DEL PERSONAJE:

SU HISTORIA:

HABILIDADES:

DEBILIDADES:

NOMBRE DEL PERSONAJE:

NOMBRE DEL PERSONAJE:

SU HISTORIA:

HABILIDADES:

DEBILIDADES:

NOMBRE DEL PERSONAJE:

NOMBRE DEL PERSONAJE:

SU HISTORIA:

HABILIDADES:

DEBILIDADES:

NOMBRE DEL PERSONAJE:

NOMBRE DEL PERSONAJE:

SU HISTORIA:

HABILIDADES:

DEBILIDADES:

NOMBRE DEL PERSONAJE:

NOMBRE DEL PERSONAJE:

SU HISTORIA:

HABILIDADES:

DEBILIDADES:

NOMBRE DEL PERSONAJE:

NOMBRE DEL PERSONAJE:

SU HISTORIA:

HABILIDADES:

DEBILIDADES:

NOMBRE DEL PERSONAJE:

NOMBRE DEL PERSONAJE:

SU HISTORIA:

HABILIDADES:

DEBILIDADES:

NOMBRE DEL PERSONAJE:

NOMBRE DEL PERSONAJE:

SU HISTORIA:

HABILIDADES:

DEBILIDADES:

NOMBRE DEL PERSONAJE:

NOMBRE DEL PERSONAJE:

SU HISTORIA:

HABILIDADES:

DEBILIDADES:

NOMBRE DEL PERSONAJE:

NOMBRE DEL PERSONAJE:

SU HISTORIA:

HABILIDADES:

DEBILIDADES:

LA CREATIVIDAD SIEMPRE
ESTARÁ AHÍ PARA NOSOTROS,
DEBEMOS CULTIVARLA DÍA A DÍA
Y NO DEJAR QUE SE MARCHITE